NOTICE HISTORIQUE

SUR LES ÉGLISES

DES DEUX CANTONS DE TOULON

Ce mémoire a été lu à la réunion des Sociétés des Beaux-Arts des départements, tenue dans l'hémicycle de l'École des Beaux-Arts, à Paris, le 16 avril 1895.

NOTICE HISTORIQUE

SUR

LES ÉGLISES

DES DEUX CANTONS DE TOULON

ET

DESCRIPTION D'OBJETS D'ART

QU'ELLES RENFERMENT

PAR

CHARLES GINOUX

CORRESPONDANT DU COMITÉ DES SOCIÉTÉS DES BEAUX-ARTS
DES DÉPARTEMENTS, A TOULON
OFFICIER DE L'INSTRUCTION PUBLIQUE

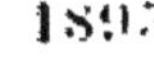

PARIS

TYPOGRAPHIE DE E. PLON, NOURRIT et Cⁱᵉ
RUE GARANCIÈRE, 8
—
1895

NOTICE HISTORIQUE

SUR

LES ÉGLISES

DES DEUX CANTONS DE TOULON

ET

DESCRIPTION D'OBJETS D'ART

QU'ELLES RENFERMENT

PAR

CHARLES GINOUX

CORRESPONDANT DU COMITÉ DES SOCIÉTÉS DES BEAUX-ARTS

DES DÉPARTEMENTS, A TOULON

OFFICIER DE L'INSTRUCTION PUBLIQUE

PARIS

TYPOGRAPHIE DE E. PLON, NOURRIT et Cⁱᵉ

RUE GARANCIÈRE, 8

—

1895

Extrait du manuscrit :

Notice historique sur les églises des deux cantons de Toulon et description d'objets d'art qu'elles renferment.

COMMUNE DE TOULON

VILLE

1895.   Église cathédrale de Sainte-Marie.
»   Église de Saint-Louis.
1896.   Église de Saint-François de Paule.
·   Église de Saint-Pierre.
»   Église de la Miséricorde.

FAUBOURG DU MOURILLON

·   Église de Saint-Flavien.

FAUBOURG DE SAINT-JEAN DU VAR

·   Église de Saint-Cyprien.

FAUBOURG DU PONT-DE-LAS

»   Église de Saint-Joseph.

BANLIEUE DE TOULON

HAMEAU DES POMET OU DE VALDAIGUON

»   Église de Notre-Dame de Bon-Repos.

QUARTIER DES MOULINS OU DE DARDENNES

»   Église de Saint-Pierre.

COMMUNE DU REVEST

1897.   Église de Saint-Christophe.

COMMUNE DE LA VALETTE

»   Église de Saint-Jean-l'Évangéliste.

COMMUNE DE LA GARDE

»   Église de Notre-Dame.
·   Église de la Nativité de la Vierge.

COMMUNE DU PRADET

·   Église de la Visitation de la Vierge.
·   Église de Sainte-Marguerite.

NOTICE HISTORIQUE
SUR LES ÉGLISES
DES DEUX CANTONS DE TOULON
ET DESCRIPTION D'OBJETS D'ART QU'ELLES RENFERMENT

COMMUNE DE TOULON

VILLE
ÉGLISE CATHÉDRALE DE SAINTE-MARIE

Façade assez riche, construite de 1696 à 1701. — Intérieur composé de trois édifices d'époques et de styles différents, réunis, de 1654 à 1661, par des constructions ogivales. (Architectes connus : J. Ribergue, C. Veyrier, A. Dupare, J. Pomet, H. Révoil, J.-A. Auber.)

En 451, Toulon possédait un siége épiscopal. D'après cette date, il est permis de faire remonter, au plus tard, au commencement du cinquième siècle la fondation de l'église primitive, qui a dû exister jusqu'au moment où l'on construisit celle de style roman dont on voit des restes importants, en partie transformés lors de son agrandissement de 1654 à 1661. Cette dernière église, de dimensions assez grandes relativement à la population de Toulon au onzième siècle, époque où elle a été bâtie, était orientée. Elle se composait d'une nef, avec sanctuaire, comportant trois travées communiquant avec deux bas côtés; et son architecture était très simple. Pour son agrandissement, l'on greffa, sur la nef principale, perpendiculairement à son axe, trois nefs ogivales correspondant à ses trois travées. A ces trois nouvelles nefs, également composées de trois travées, firent suite le sanctuaire et les chapelles de la *Vierge* et du *Corpus Domini*. Le sanctuaire date de l'agrandissement susdit, tandis que les deux chapelles, qui déjà existaient à quelque distance de l'ancienne église, furent soudées aux nouvelles constructions. Mais de la réunion de ces trois édifices, il s'ensuivit les irrégularités et le manque d'homogénéité et d'harmonie qui se rencontrent dans l'ensemble comme dans les parties de la cathédrale actuelle. L'agrandissement se fit sous la direction du « mestre d'œuvre » Jean Ribergue, qui, sans doute, en avait dressé les plans. Le prix fait pour la taille et la pose des pierres avait été donné, le 28 octobre 1653, aux maîtres appareilleurs Jean Tesseire et Jacques Richaud.

La construction et la décoration de la façade actuelle ne furent entreprises qu'en 1696, à la suite d'un marché passé, le 22 mai de cette année, avec Albert Duparc, sculpteur et architecte, résidant à Marseille, qui s'associa Antoine Fleury, sculpteur toulonnais. La façade fut faite par incrustation dans le mur méridional, de 1^m,40 d'épaisseur, du bas côté droit de l'église romane agrandie.

L'ancien clocher menaçant ruine, en 1729 on en abattit la partie haute. Au mois de novembre 1735, le Conseil de ville délibéra d'organiser une loterie dont le produit devait être affecté à la construction d'un nouveau clocher ; et, le 17 juin 1736, le prix fait en fut passé avec Laurent Sillan et Jean Marillac, maîtres tailleurs de pierre, qui durent se conformer aux plans et devis dressés par Joseph Pomet, architecte de Toulon. Commencé en 1737 (la première pierre fut posée le 13 août), ce clocher, qu'on voit à l'extrémité orientale de la façade, a été terminé en 1740 [1].

En 1745, on restaura l'église, et MM. les chanoines Brun et Imbert firent refaire, de leurs deniers, le maître-autel par le sculpteur Verdiguier, qui y employa différents marbres et orna le devant du tombeau d'un bas-relief, en marbre blanc, représentant l'*Ensevelissement de la Vierge*. Ruiné par l'humidité produite par le sel entreposé dans le chœur pendant la période révolutionnaire, l'ouvrage de Verdiguier a été remplacé, en 1863, par le maître-autel actuel. La même année on entreprit les peintures murales qui se voient dans le sanctuaire.

Nous avons dit que, lors de l'agrandissement de 1654 à 1661, la chapelle de Notre-Dame des Saintes-Reliques, aujourd'hui appelée

[1] Il occupe l'emplacement de l'ancien clocher et de la chapelle primitive de Sainte-Anne. (Base, 10^m,28 de côté ; hauteur, 36 mètres ; épaisseur des murs, à rez-de-terre, 2^m,90.)

de la Vierge, qui se trouvait isolée, fut réunie à l'église agrandie. Par cette réunion, la partie surmontée d'un dôme de cette chapelle, après qu'on en eut remplacé les murs méridional et oriental par deux arcades ogivales, forma la cinquième travée de la nef ou bas côté gauche, mais n'en continua pas moins de faire partie de la chapelle de la Vierge, et reçut une magnifique décoration dont on voit encore les principaux motifs. Depuis sa fondation, en 1300 environ, jusque vers le commencement du dix-septième siècle, ladite chapelle a été sous le vocable de saint Cyprien, évêque et un des patrons de Toulon. Dans les années qui suivirent, elle prit le nom de Notre-Dame des Saintes-Reliques, nom qu'elle a conservé jusques au dernier quart du même siècle, où elle fut agrandie, au nord, de tout l'espace occupé par un nouveau sanctuaire que, plus tard, on décora d'un grand groupe de haut relief encadré de colonnes, etc. Ce groupe, qui représentait l'*Assomption de la Vierge*, et qui avait été exécuté sur plâtre frais par Nicolas Bertolusso, sculpteur génois, naturalisé Français, a été remplacé, en 1878, par la décoration actuelle.

La chapelle du *Corpus Domini*, également englobée, a été fondée, en 1504, sous l'épiscopat de Denis Briçonnet, évêque de Toulon. Ce fut, peut-être, sur l'emplacement ou non loin d'un antique édifice, sous le même vocable, qu'elle fut édifiée ; car la tradition fait remonter aux premiers temps du christianisme dans nos contrées l'établissement de la confrérie et de la chapelle du *Corpus Domini* ou du Saint Sacrement. En 1648, cette chapelle, après avoir été réparée, fut décorée par Pierre Puget. Elle fut à nouveau embellie, en 1659, de sculptures en bois, par le même artiste, après sa reconstruction et son agrandissement par Jean Ribergue. En 1681, la belle décoration de Puget ayant été complétement détruite par un incendie, Christophe Veyrier, son neveu et son meilleur élève, fut chargé, l'année suivante, sur un dessin qu'il avait présenté, de refaire, en marbre et en stuc, outre l'architecture, une nouvel'e décoration sculpturale [1].

---

[1] Il est bien démontré qu'avant l'agrandissement de 1654-1661, la chapelle du *Corpus Domini* existait depuis longtemps à la place qu'elle occupe aujourd'hui. (Cf. : Archives hospitalières, BB. 118, carton ; Archives communales, série GG. 16 et 23, registres, et 26, carton ; Plan de l'ancienne cathédrale romane, construite au onzième siècle, par l'archiviste Henry, qui l'a inséré dans le *Bulletin de l'Académie du Var* de 1851, n° 2.)

SOURCES BIBLIOGRAPHIQUES

Archives communales, série GG., de 14 à 16, registres et carton, et série BB., 62, registre des délibérations du Conseil de ville de 1657 à 1659. — *Archives hospitalières,* BB., 118, carton. — *Minutes des notaires* Laurent, année 1659, 14 janvier; Bertrand, année 1682, p. 230-234, et année 1682, 20 mai; Genre, année 1697. — *Le Guide toulonnais,* 1851, chap. II, p. 38 à 50, et *Ancienne cathédrale de Toulon* (*Bulletin de l'Académie du Var,* de 1851), par D.-M.-J. Henry, archiviste communal. — *Archives communales modernes,* Beaux-Arts, *Rapports de la Commission municipale des Beaux-Arts de* 1861 à 1869, registre gr. in-f° de 138 p.

DESCRIPTION D'OBJETS D'ART

Nef. — La chaire, en noyer, adossée contre une pile de droite, a été exécutée d'après les dessins de Louis Hubac, de Toulon, maître sculpteur de la marine de 1820 à 1830. Les principaux motifs de décoration, tels que le médaillon, de grandeur nature, de *Saint Augustin* et les *Quatre Évangélistes,* en pied, bas-reliefs occupant les panneaux de la tribune ainsi que les *Deux anges* de ronde bosse, soulevant une draperie sculptée suspendue aux côtés de l'abat-voix, sont de la main de cet artiste.

Chœur. — Le maître-autel, isolé, en marbre blanc, a été fait en 1863-1864, d'après les plans de M. Henry Révoil, architecte du gouvernement; il est orné sur le devant, au centre, d'un bas-relief représentant la *Mise au tombeau,* et, à chaque extrémité, d'une figure de saint, également de bas-relief; le tabernacle est surmonté d'un haut pinacle en bronze doré. — Au-dessus de la boiserie du pourtour, les murs sont couverts de peintures à l'huile sur fond or. Celles du mur de fond représentent les prophètes *Moïse et Élie;* le premier, le législateur du peuple juif, assis, vu de face, porte une longue barbe et deux cornes de rayons sur la tête; il est vêtu d'une tunique et d'un manteau blanc très amples, et tient de la main droite les tables de la Loi, qu'il montre de la main gauche. Le second, également assis et vu de face, porte une tunique et un manteau blancs d'une grande ampleur; il tient de la main droite un papyrus déroulé sur ses genoux et étend l'autre main. Sur chacune des parois latérales se voient six *Apôtres*, avec leurs attributs, encadrés par des arcades de plate peinture. Toutes les peintures du chœur ont été exécutées en 1863-1864; Ludovic Bonnifay, de la Seyne-sur-Mer, est l'auteur des figures, tandis que tout le reste de la décoration, consistant en ornements variés, a été peint par Henri Calmette, de Bordeaux. (Hauteur des prophètes, s'ils étaient debout, 3 mètres, environ. Les *Apôtres* sont un peu plus grands que nature.)

Bas côté droit. — On y trouve, hors d'œuvre, trois chapelles. Dans la première, sous le vocable de saint Joseph, on voit, au-dessus de l'autel, dans une niche, une statue de ce saint en terre cuite peinte en plusieurs couleurs; cette figure, de grandeur naturelle, appartient à l'art industriel. — Contre la paroi droite est suspendue une toile représentant *Saint Roch priant pour les pestiférés*, exécutée vers le milieu du dix-septième siècle, et dont le cadre, entiérement couvert de délicates sculptures, est peint, sans apparence de dorure ancienne. Tournefort cite un tableau de Pierre Puget, placé à la cathédrale, sans en dire le sujet; il pourrait bien se faire que cette toile, qui a subi sous notre direction un nettoyage, fût celle dont parle cet écrivain dans son livre. En voici une description succincte : À droite, saint Roch, à genoux, en costume de pèlerin, intercède pour les pestiférés; au-dessus, assis sur un nuage, Dieu le Père, le torse et les bras nus, a sa main gauche posée sur la boule du monde; à sa droite, mais un peu plus bas, la Vierge, également assise sur un nuage, implore l'Éternel en faveur des malheureux atteints de la peste, en partie nus, qui se trouvent au bas de la toile. Au devant du Père Éternel, à la hauteur de ses jambes, couvertes d'une draperie, plane le Saint-Esprit, sous la forme d'une colombe; des anges, dont un s'approche de saint Roch, entourent les personnages célestes. (Hauteur, 3^m,25. — Largeur, 2^m,08. — Figures grandeur naturelle.)

Dans la deuxième chapelle, dite du Purgatoire, on remarque un autel de style roman, en marbre blanc, orné, sur le devant, d'un bas-relief représentant *Jésus accompagné des saintes femmes Marthe et Madeleine.* Les sculptures ont été exécutées par François Rossi, de Toulon, et l'autel a été fait d'après ses dessins. — Le tableau du *Purgatoire,* placé contre la paroi gauche, est du pinceau du Toulonnais Victor de Clinchamp, élève de Girodet-Trioson. (Hauteur, 2^m,15. — Largeur, 1^m,45.)

La troisième chapelle, appelée de Sainte-Anne, refaite en 1873, a été dotée d'un autel de style roman, en marbre blanc, exécuté d'après le dessin de F. Rossi. — Au-dessus de cet autel, on voit le *Saint Félix de Cantalice* que Puget a peint vers 1650, et qui fut placé sur un autel « fait d'après son dessin ». De Dieu et Tournefort, amis de Puget, et, après eux, Papon, disent que ce tableau se trouvait dans l'église des Capucins de Toulon. Il représente, à gauche, la Sainte Vierge, assise sur un nuage soutenu par un ange non ailé, apparaissant à saint Félix ; à droite, le saint, pauvrement vêtu en Franciscain, à genoux devant un autel, du retable duquel semble sortir la Vierge, et étendant les bras pour recevoir l'Enfant-Dieu qu'elle lui présente, sur sa demande. Dans le haut de la toile, un jeune ange, ailé et planant, tient des deux mains un livre ouvert sur lequel se trouvent les mots : « *Mirabilis Deus in sanctis suis.* » Le reste de la composition nous montre l'intérieur d'une chapelle au fond de laquelle est une petite fenêtre ouverte. (H., 3^m. — L., 2^m,22. — Fig. gr. nat.) — Contre la paroi gauche, se trouve une toile dont le sujet est le *Repos de la Sainte Famille en Égypte*. Cette peinture, donnée en 1828 par l'État à la paroisse, est due au pinceau de Jean-Baptiste-Paulin Guérin, de Toulon, dit Paulin-Guérin. On y voit, à gauche, la Vierge, le genou droit à terre, tenant son enfant assis sur la jambe gauche ; à droite, saint Joseph accroupi à côté d'elle, sa main droite posée contre la poitrine et ayant dans l'autre main un bâton de voyage. Au loin, au milieu de sombres nuages, apparaît un ange, un calice dans une main, une croix de bois dans l'autre. (H., 1^m,95. — L., 1^m,57. — Fig. gr. nat.)

Mur de fond du même bas côté. — Au-dessus du pignon de l'arcade donnant accès à la chapelle du *Corpus Domini*, est disposé un grand crucifix en bois peint et doré. La croix, peinte en noir avec filets dorés sur les bords, se termine au bas en cul-de-lampe. Le Christ, de grandeur naturelle, est couleur de chair ; sa tête est entourée d'une auréole ou cercle d'or, et le linge qui ceint le milieu de son corps est doré. Autrefois, étaient placés aux côtés du Christ deux anges agenouillés sur des consoles et porteurs de chandeliers. Toutes ces sculptures ont dû être exécutées vers

1660, dans le but de compléter la décoration de l'église et, en
même temps, faire symétriser le mur de fond de ce bas côté avec
celui du bas côté gauche, dont les sculptures sont également noir
et or, excepté les nus des figures, qui sont couleur de chair.

Chapelle du Corpus Domini. — Aux quatre angles de la nef,
sur plan carré, contre les pendentifs ou corps de voûte de sa coupole, sont sculptés en stuc des anges de haut relief soutenant des
attributs du sacerdoce. — Contre la paroi gauche, on remarque
une grande toile dont le sujet est le *Triomphe de l'Eucharistie* et
qu'on attribue, avec raison, à Jean-Baptiste Vanloo, qui l'aurait
peinte au plus tard en 1718. Au milieu de la composition, sur une
traînée de nuages à rez de terre, des anges sont attelés à un char
doré surmonté d'une tiare. Sur ce char, un prélat, à genoux, porte
haut le Saint Sacrement. Des évêques et divers autres personnages
se prosternent à son passage. Dans la partie supérieure du tableau,
planent une multitude de jeunes anges. (H., 2^m,90. — L., 5^m,80.
— Fig. gr. nat.) Sous cette peinture, contre le soubassement, on
a placé le bas-relief en marbre exécuté, en 1746, par Jean-Michel
Verdiguier, de Marseille, un des bons sculpteurs de l'arsenal de
Toulon. Cet ouvrage, qui ornait l'ancien maître-autel, est très fruste
par suite de l'humidité causée par le sel entreposé dans la chapelle
pendant la période révolutionnaire. Les personnages y sont dissé-
minés; à droite, deux hommes soutiennent le corps de la Vierge,
qu'ils placent dans le sépulcre; à côté, sont deux femmes en
pleurs, dont une, à genoux et penchée contre le tombeau, est
enveloppée d'un manteau ne laissant voir que ses mains croisées.
A gauche, quatre autres figures, en tunique et manteau, l'une
d'elles affaissée contre terre, les mains croisées. (H., 0^m,65. —
L., 2^m. — Fig. quart. nat.)—La paroi droite est ornée d'un tableau
faisant pendant à celui de la paroi gauche; il est dû au pinceau de
Jean-Baptiste Achard, de Correns (Var), qui l'a exécuté en 1718,
et représente *Melchisédech bénissant Abraham.* A droite, Abraham
vainqueur, vêtu d'une tunique courte et d'une chlamyde, son casque jeté à ses pieds, est accompagné de ses domestiques, qui l'ont
suivi pour combattre Chodorlahomor. La tête faiblement inclinée
en avant, il s'avance vers Melchisédech, qui, venu au-devant de
lui dans la vallée de Savé, s'apprête à le bénir et lui présenter le
pain. Ce dernier, en costume sacerdotal, une tiare sur la tête, le

corps un peu fléchi, les mains en avant, est entouré des personnes de sa suite, dont l'une, placée à ses côtés, se prosterne, tandis que d'autres qui le précèdent s'écartent pour livrer passage à Abraham, à peine éloigné de quelques pas. Dans le fond de la toile, de hautes collines se profilent sur le ciel. (H., 2ᵐ,90. — L., 5ᵐ,80. — Fig. gr. nat.) — Le sanctuaire, en forme d'hémicycle voûté en cul-de-four, est très orné; au-dessus de l'autel, très riche, s'élève un grand retable renfermant un groupe de haut relief comportant environ vingt-cinq figures sur des nuages, dont la principale est plus grande que nature. Deux anges, en marbre, l'un à droite, l'autre à gauche du tabernacle, agenouillés et tenant des encensoirs, terminent, au bas, la composition, qui est encadrée par deux colonnes torses et un fronton circulaire brisé. Toutes les autres sculptures de cette partie de la chapelle sont en stuc, et ont été exécutées en grande partie par Christophe Veyrier, déjà cité; dans le marché, il est dit que toutes les figures devaient être de ce dernier. Pour ce grand travail, qui dura quatre ans, de 1682 à 1686, notre artiste fut aidé par son neveu Lazare Veyrier [1].

Bas côté gauche. — On y rencontre, hors d'œuvre, trois chapelles. La première est celle des Fonts baptismaux; elle renferme un *Baptême de Jésus-Christ par saint Jean*, peint par Victor de Clinchamp, déjà cité. (H., 1ᵐ,89. — L., 1ᵐ,34. — Fig. gr. nat.) Extérieurement, au-dessus de la porte-arcade donnant accès dans ladite chapelle, est placée une grande toile ovale à cadre orné, représentant la *Vision de Constantin*. À gauche, Constantin, en justaucorps, quelques pièces d'armure couvrant ses bras et ses jambes, est assis, le corps rejeté en arrière et la tête levée; il tient la main droite contre la poitrine, tandis que le bras gauche est étendu horizontalement. En face de lui, au milieu de la toile, l'impératrice Hélène, à genoux, les bras pendants et les mains croisées, la couronne sur la tête, les yeux levés au ciel, est vêtue d'une robe et d'un manteau bleu doublé d'hermine. Près d'elle un vieillard accroupi retournant la tête vers le ciel; dans un arrière-plan, une armée en partie cachée par un pli de terrain. Dans le haut du tableau, on voit, sur des nuages, des anges soutenant une

[1] Pour plus de détails, voir *Compte rendu de la session des Sociétés des Beaux-Arts: la Chapelle du Corpus Domini*, article de M. Ch. Givoux, année 1892, p. 158-176.

croix de bois. Cette composition rappelle, à la fois, la conversion de Constantin et celle de sa mère, qu'il avait initiée au culte du vrai Dieu. Signé, dans le bas : F. David. (H., 3ᵐ,95. — L., 2ᵐ,65. — Fig. gr. nat. — Dix-huitième siècle.)

La seconde chapelle, dédiée à sainte Philomène, est l'ancien porche, voûté en berceau, de l'église romane, plus tard agrandie. Un autel à tombeau, avec retable, en bois peint et doré, de la fin du dix-septième siècle, est adossé contre le mur de fond. Sur les côtés du tombeau s'élèvent, en avant, deux colonnes et, en arrière, deux pilastres supportant un fronton triangulaire brisé. Sur la corniche horizontale de ce fronton, entre les rampants, se trouve une châsse entre deux colonnettes surmontées d'un fronton circulaire. Une niche, placée au-dessus de l'autel, renferme une statue en bois de grandeur petite nature, ouvrage contemporain venu, dit-on, de Paris ; cette figure représente *Sainte Philomène* tenant de la main gauche une ancre dont la grosse extrémité est posée à terre, et portant la main droite contre la poitrine. Sur la paroi du bas côté, au-dessus de l'arc de la voûte de la même chapelle, on a placé un *Saint Charles Borromée ;* cette toile, due au pinceau de Laurent Julien, de Toulon, frère de Simon agréé de l'Académie de Paris en 1779, est signée, au bas, dans l'angle de droite : Laurent Julien, 1765. Le saint, en rochet et camail rouge, à genoux sur un coussin cramoisi, est assisté par deux anges situés, l'un à sa gauche, l'autre à sa droite, ce dernier ayant le bas de la jambe gauche coupé par le côté inférieur du cadre. Dans le haut du tableau, on voit deux jeunes anges sur des nuages. (H., 3ᵐ,77. — L., 1ᵐ,72. — Fig. gr. nat.)

Dans la troisième travée, qui fait suite, se trouve une grande porte ogivale en chêne mouluré et sculpté, ouvrage contemporain, fermant l'entrée de la nouvelle sacristie.

Dans la travée qui vient après, s'ouvre une arcade donnant accès à la chapelle moderne de Saint-Cyprien, agrandie et ornée, en 1876, d'après les plans d'Auguste Auber, architecte toulonnais, et aux frais de l'archiprêtre curé Tortel. Elle est en deux parties, l'une droite, l'autre demi-circulaire, laquelle est le sanctuaire. L'autel, dû à M. F. Rossi, a sa partie inférieure en pierre dure de Touris, et sa partie supérieure, gradins et tabernacle, en pierre blanche de l'Échaillon ; il est placé au fond du sanctuaire ou partie demi-circulaire, qui est pénétrée par cinq niches renfermant, chacune, une statue debout, en terre cuite peinte en couleur de pierre, mesurant 1m,60 de hauteur. Ces statues représentent, celle du milieu, au-dessus de l'autel, *Saint Cyprien*, en costume épiscopal, la tête mitrée, tenant de la main gauche la crosse et levant l'autre main ; celles de droite, *Saint Mandrier*, en guerrier romain, ayant une palme dans sa main droite et un casque à côté de ses pieds, et *Saint Honorat*, costumé en évêque, la mitre à ses pieds, la crosse dans la main gauche, un papyrus dans l'autre main ; celles de gauche, *Saint Flavien*, vêtu en guerrier romain, une palme dans la main gauche, l'autre main posée contre la poitrine, et *Saint Césaire*, revêtu du costume d'évêque, la mitre sur la tête, tenant la crosse de la main droite et un livre dans celle de gauche. Ces cinq figures, non signées, appartiennent à l'art industriel. Contre la paroi droite de la nef de la même chapelle, on remarque un tableau dit des *Trois Saints*. Cette toile, du dix-septième siècle, représente saint Marc, saint Honoré et saint Charles Borromée. Ces trois personnages sont debout et alignés dans le même plan. Deux petits anges posent une couronne sur la tête de saint Honoré, placé au milieu. L'auteur de cet ouvrage est inconnu. (H., 1m,96. — L., 1m,60. — Fig. gr. petite nat.)

Chapelle de la Vierge. — Cette partie de l'édifice, surmontée d'un dôme surhaussé dont la base, ainsi que la lanterne, était percée de quatre baies orientées, est antérieure à l'agrandissement de l'ancienne cathédrale, entre 1654 et 1661, époque où, pour en former la cinquième travée du bas côté gauche de l'église agrandie, on remplaça ses murs sud et est par deux arcades ogivales. Bien que transformée en travée, la partie surmontée d'un dôme, après avoir été le narthex ou porche fermé de l'ancienne chapelle isolée de Saint-Cyprien fondée vers 1300, en devint le sanctuaire. L'autel, en bois et de la main de Puget, croyons-nous, fut consacré en 1660, année de la présence, à Toulon, de Louis XIV. Cet ancien autel a été remplacé, plus tard, par un autre, également en bois, adossé contre une boiserie à colonnes et pilastres occupant toute la paroi occidentale restante. Au-dessus de l'autel se trouve une grande niche dans laquelle est placée, sous un baldaquin, une statue très ancienne de la *Vierge*, en bois peint et doré. La Sainte Vierge, debout, une couronne en forme de diadème sur la tête, tient des deux mains le petit Jésus assis sur son bras gauche et coiffé d'une couronne royale. Les vêtements sont dorés et les nus ont reçu une couleur de chair. (Fig. petite nat.) (1).

Au droit du même autel, on voit, portant sur la boiserie, un très grand tableau dont les angles supérieurs ont été coupés à cause de la hauteur qu'il devait atteindre dans la calotte surmontant la chapelle. Cette toile, qui représente l'*Assomption de la Vierge,* est attribuée par Henry, ancien archiviste de la ville, à Pierre Mignard, dit le Romain, qui a dû l'exécuter en 1657-1658, à son retour d'Italie. A défaut des comptes trésoraires de la chapelle de la Vierge qu'on ne retrouve pas, tandis que tous ceux de la chapelle du *Corpus Domini* existent, le monogramme M. R., apposé sur une petite pierre rectangulaire placée, exprès pour le recevoir, dans le bas et à gauche du tableau, et la description qui va suivre, pourront peut-être faire accepter comme vraie l'attribution donnée par Henry. Description : Dans la partie supérieure de la toile, le Père Éternel et Dieu le Fils, suivis d'un nombreux cortège d'anges de tout ordre, sont accourus pour recevoir la Reine du Ciel et poser sur sa tête la couronne symbolique de roses. Un ange lui présente une palme en signe de sa victoire. La Sainte Vierge est sur un nuage supporté par des séraphins, et a près d'elle un archange portant un grand vase. Un peu plus bas, à droite et à gauche, des groupes d'anges tenant des instruments de musique, tels que grande mandoline, flûte, violon, clarinette, alto ou grand violon, et des papiers de musique, chantent des hymnes en son honneur et font entendre une divine musique. Entre ces deux groupes d'anges, mais un peu au-dessous, deux chérubins posés sur un nuage tiennent, l'un une couronne de laurier et de roses, l'autre des grappes de ces mêmes fleurs, qu'il répand. Enfin, dans le bas du tableau, on voit les apôtres autour du sépulcre, dans lequel ils ne trouvent que le linceul parsemé de roses.

1 « Pour remercier Dieu, qui, par l'intercession de la S⁷ Vierge, a jusques à présent préservé la ville de la peste, il sera donné 1.000 livres pour la réparation et l'embellissement de la chapelle de la S⁷ Vierge, dans l'église cathédrale. » (Délibération du Conseil de ville du 4 juillet 1650.) « Le 15 août prochain, jour de la fête de la Vierge, la communauté fera un don de six cents livres à la chapelle des Saintes-Reliques, pour l'ornement de son autel, afin d'être préservée de la maladie contagieuse dont la ville est menacée. » (Délibération du Conseil de ville du 6 août 1657.)

L'ouvrage attribué à Pierre Mignard offre de nombreux points de ressemblance avec la fresque de l'église du Val-de-Grâce, à Paris, que cet artiste entreprit en 1663. Ces points de ressemblance sont ceux-ci : dans les deux peintures, on trouve, dans la partie supérieure, la Sainte Trinité entourée d'une foule d'anges ; dans la partie médiane, d'autres anges isolés ou groupés, dont la plupart chantent ou jouent de divers instruments, et, dans la partie inférieure, différents personnages. Les deux compositions nous présentent le Père Éternel assis sur des nuages, la main gauche appuyée sur la boule du monde, que soutient un jeune ange planant. Dans celle-ci, on voit entre les mains de quelques anges des instruments de musique semblables à ceux dont se servent des anges de celle-là ; ainsi, on rencontre, dans la peinture à l'huile comme dans la fresque, deux anges violonistes qui tiennent, l'un, à l'italienne, c'est-à-dire devant l'abdomen, le manche en haut, le corps en bas, un alto ou grand violon, l'autre, un violon de dimension ordinaire contre l'épaule. (Proportions approximatives de la toile : H., 8 mèt. — L., 6 mèt. — Fig. plus gr. que nat.)

Une autre partie de l'ancienne décoration de la chapelle de la Vierge consiste en un grand morceau d'architecture et de sculpture en bois peint et doré. Cette machine, qui mesure environ sept mètres de haut et dont l'auteur nous est inconnu, est en deux corps, l'un supportant l'autre. Le corps inférieur, qui n'a reçu que des inscriptions, se termine en cul-de-lampe ; celui qui le surmonte est composé d'une niche avec ailes latérales, que couronne un entablement réduit à la frise et à la corniche dans la partie médiane, courbe, que domine un vase. La niche, cintrée en plan et en élévation, renferme une *Sainte Vierge* tenant au bras le divin bambin, et sur chacune des ailes qui l'accompagnent se détache un ange de ronde bosse, debout sur le corps inférieur. Deux autres anges, également de plein relief, sont placés en amortissement aux extrémités de l'entablement susdit ; à genoux, dans l'attitude de la prière, ils se profilent sur le mur et sont dorés et peints comme les autres figures, qui, au contraire de ces deux derniers anges, un peu moins grands que nature, ont une hauteur dépassant la taille humaine. En outre de nombreux ornements accessoires, des inscriptions en lettres d'or couvrent quelques endroits de ce monument en bois. L'on trouve écrit sur la partie centrale de l'entablement : *Regina pacis sacrum;* contre la partie supérieure du corps se terminant en cul-de-lampe : *Nos.cum.prolepia.benedic.semper nos.ubere.Maria;* au-dessous : *Nutris.oīa.nutrientis.prplo.semper nos.ubere.lacta.Anno pacis* 1660 [1]. A droite de l'arcade au-dessus de laquelle est placé le grand décor dont il vient d'être parlé, se voit, dans un retable en marbre, un *Christ en croix* en bois peint et doré, exécuté en 1840 par J.-B. Dubès, de Toulon, maître sculpteur de la marine. (Fig. petite nat.)

La pièce, autrefois sanctuaire de la chapelle Saint-Cyprien, qui fait suite à la tracée surmontée d'un dôme, renferme quelques peintures, entre autres une *Gloire* ou *Adoration du Saint Sacrement.* Ce tableau, commandé en 1745 à Jacques Volaire, artiste toulonnais, par la confrérie du *Corpus Domini,* pour être placé à l'entrée de leur chapelle, a été transporté longtemps après là où on le voit aujourd'hui. Au milieu de la toile, des chérubins sans corps, mais ailés, supportent le Saint Sacrement entouré de petits anges volant. A droite et à gauche, un ange adolescent tient un encensoir, et à côté, vers les bords du tableau, d'autres anges chantent ou jouent de divers instruments de musique. (H., 3^m,35. — L., 4^m,30. — Fig. gr. nat.)

Un second sanctuaire a été ajouté, vers la fin du dix-septième siècle, à l'ancienne chapelle de Saint-Cyprien, alors placée sous le vocable de Notre-Dame des Saintes-Reliques, et plus tard sous celui de la Sainte Vierge. La date 1688 se trouve gravée sur le roussoir central de l'arcade ayant remplacé le mur absidal de ladite chapelle. Ce second sanctuaire est sur plan rectangulaire, et son mur de fond est pénétré par un hémicycle ou grande niche voûtée en cul-de-four. Une coupole ovalaire surbaissée surmonte l'appendice ajouté en 1688. L'autel, en marbre blanc et très orné, est situé sous l'arcade de l'hémicycle, au fond duquel on aperçoit une grande statue de la *Vierge* en terre cuite. Les chairs en couleur, les vêtements blancs, le manteau frangé d'or, elle est debout sur un nuage, les deux mains croisées sur la poitrine. Au-dessous, deux anges tiennent une banderole sur laquelle on lit : *Tota pulcra et*

---

[1] En 1659, un nommé Cogorde recevait du Conseil de ville, pour la part contributive de la communauté, la somme de 600 livres, pour être employée à la dorure de « Notre-Dame, des anges et des niches » qu'on devait placer sur le frontispice de Notre-Dame des Saintes-Reliques. (Délibération du 18 août.)

macula non est in te. Deux niches pénétrant, immédiatement après les pieds-droits de l'arcade, le mur circulaire, renferment, celle de droite, une figure en terre cuite peinte en couleur pierre, représentant *Sainte Catherine de Sienne;* celle de gauche, la figure, de même matière et de même couleur que la précédente, de *Sainte Thérèse.* La première de ces deux statues porte sur la tête une couronne d'épines et tient des deux mains un crucifix qu'elle contemple; la seconde a dans la main gauche un livre, et dans l'autre main la plume qui lui a servi à écrire ses constitutions. Toutes deux sont vêtues d'une tunique et d'un manteau, et ont un voile sur la tête. (Fig. gr. nat.) La Vierge et les deux saintes appartiennent à l'Art industriel. — Contre la paroi droite du sanctuaire, on remarque une *Annonciation.* Cette toile, dont les angles supérieurs sont coupés, a été peinte par Pierre Puget vers 1650. A gauche, la Vierge, la tête de profil et levée, est à genoux devant un prie-Dieu sur la tablette duquel est posé un livre. Elle est vêtue d'une robe rouge et d'un manteau bleu; un voile blanc, couvrant le dessus de sa tête, tombe sur le devant du corps. A droite, l'ange Gabriel, en tunique blanche et entouré d'une écharpe rose flottante, descend du ciel pour remplir sa mission. Au bas, faisant face à Marie, trois anges chantent des hymnes, l'un d'eux tenant un papier de musique, un autre jouant du clavecin. Une architecture occupe quelques parties du tableau. Cet ouvrage est cité par Tournefort, Bougerel et Papon, comme étant de Puget et comme ayant orné l'église des Dominicains de Toulon, où le dernier de ces écrivains l'a vu en 1780. Malheureusement il ne reste guère du maître que la composition; sous prétexte de restauration, tout a été repeint, vers 1815, par un peintre médiocre nommé Simonet. (H., 4ᵐ,40. — L., 2ᵐ,26. — Fig. gr. nat.) — Contre le mur gauche est placé un tableau représentant la *Vierge du Mont-Carmel;* il est signé dans le bas, à droite : DAMERY *inv. pinx.*, 1644. (Damery-Walter, peintre liégeois [1].) Au centre de la toile, la Vierge, debout sur un socle en forme de châsse supporté par des anges, une couronne royale sur la tête, tient son enfant sur le bras gauche et a un

---

[1] Né en 1615, il mourut en 1678. Ce dut être à son passage à Toulon, lorsqu'il se rendit en Italie ou en revint, qu'il fut retenu pour exécuter cette toile. Il a eu un frère, prénommé Jacques, également peintre, qui, plus tard, fit aussi le voyage d'Italie.

sceptre dans la main droite. Dans la partie haute, des chérubins l'entourent. Au bas, on voit, coupés à mi-corps par le cadre, deux anciens évêques et patrons de Toulon, saint Honorat et saint Cyprien, en adoration. Fond d'architecture avec colonnes. (H., 3m,80. — L., 2m,63. — Fig. gr. nat.) — Au-dessus des deux tableaux dont il vient d'être parlé, dans les fausses arcades, sont représentés les *Quatre Évangélistes :* celle de droite nous montre saint Marc et saint Jean, celle de gauche saint Mathieu et saint Luc. Ces deux peintures murales à l'huile sont les premiers essais dans le genre historique de leur auteur, qui les a signées dans l'angle de gauche : A. Bonny, 1878. (Diamètre des arcades : 4m,50. — Fig. assises plus gr. que nat.) — Sur les pendentifs ou corps de voûte de la coupole, Charles Allard a peint à la même époque des ornements allégoriques, et Rossi a modelé quelques-uns des anges qui se trouvent dans l'hémicycle.

ÉGLISE DE SAINT-LOUIS

Façade rectangulaire pénétrée par un péristyle demi-circulaire au devant duquel sont plantées quatre colonnes doriques supportant un fronton triangulaire. — Intérieur à trois nefs séparées par vingt colonnes du même ordre, dix à droite, dix à gauche, mesurant 8 mètres de hauteur, et un sanctuaire en rotonde orné de dix colonnes corinthiennes surmontées d'une coupole demi-sphérique avec lanterne. (Sigaud, architecte.)

Le Conseil de ville délibéra, le 8 juin 1705, la construction de l'église de Saint-Louis; et, en 1707, Mgr de Chalucet, évêque de Toulon, en attendant l'érection de cet édifice, établit cette seconde paroisse dans la chapelle des Pénitents bleus de Saint-Sébastien, qui avoisinait les terrains où devait être construite la nouvelle église. Le 12 novembre 1708, il fut permis aux consuls de faire exécuter les travaux d'après les plans de Le Pelletier, directeur général des fortifications, la dépense devant être de deux tiers pour la communauté et d'un tiers pour le chapitre. Ces travaux, commencés en 1710 par César Aguillon, qui l'année précédente en avait obtenu l'adjudication, furent interrompus en 1713, au moment où les murs s'élevaient à quatre mètres environ au-dessus du sol, et ne furent repris qu'en 1767, d'après un nouveau plan de l'architecte Romain. De 1768 jusqu'à 1773, année où les travaux furent à nouveau suspendus pour malfaçon, et où Devoulx, architecte de Marseille, fut appelé par les consuls pour les expertiser, Lambert en fut l'entrepreneur. La construction de ce second édifice arrêtée alors que les travaux étaient très avancés, ce ne fut qu'après qu'on eut décidé de le déplacer pour agrandir la seule place que possédait la marine (la place d'Armes), qu'on l'établit sur un terrain contigu accordé par le Roi, sur lequel se trouvaient le couvent et le jardin des Pères Capucins. Les ouvrages de fondation, bien que commencés en 1782, d'après les plans de Sigaud, ingénieur de la province, la nouvelle paroisse ne fut terminée et inaugurée qu'en 1789, sans pouvoir cependant être consacrée à cause de la fermeture des églises [1]. En 1783, le sculpteur Barthélemy Chardigny, à son passage à Toulon pour se rendre à Rome, avait été chargé de la décoration du monument. D'après une seconde convention du 13 mars 1786, il devait exécuter pour le maître-autel une *Pieta* de ronde bosse; pour le cintre ou frontispice de l'entrée du sanctuaire, un bas-relief de 6^m,30 de diamètre dont le sujet était *Saint Louis sur son lit de mort donnant des instructions à son fils;* de plus, il avait à faire un modèle de chaire à prêcher. De tous ces ouvrages, Chardigny ne fit que les modèles en plâtre du bas-relief et de la chaire. Cependant, à son retour de Rome, il sculpta en pierre de Calissanne deux statues représentant la *Vierge* et la *Religion,* qui prirent place dans les absides latérales. De ces deux figures, mutilées pendant la période révolutionnaire, il n'existe que celle de la Vierge, restaurée par un sculpteur de l'arsenal nommé Guérin, et placée ensuite dans une grande niche pratiquée dans un mur de soutènement situé derrière la chapelle de l'hôpital maritime de Saint-Mandrier. Des ouvrages exécutés en 1788-1789 pour la paroisse de Saint-Louis, par Marc Roux, sculpteur d'Aix, il ne reste que les ornements du soffite de l'entrée du sanctuaire, et la chaire à prêcher faite en stuc d'après le modèle en plâtre envoyé de Rome par Chardigny.

[1] Une inscription sur table de marbre placée au-dessus de la porte de la sacristie nous apprend qu'elle fut dédiée et consacrée en 1858.

SOURCES BIBLIOGRAPHIQUES

Archives communales, série AA., *Livre Vert*, registre contenant des notes historiques; série BB. 73, f° 343; 75, f° 186; 96, f° 205 et 262 (registres); série D. des Archives supplémentaires, articles 12 à 16, *Église de Saint-Louis* (carton). — Inventaire sommaire des archives communales par O. Teissier, p. 402. — *Revue de l'Art français*, articles de M. Ch. Ginoux, années 1887, p. 143-147; 1891, p. 115-123; 1894, p. 35-46.

DESCRIPTION D'OBJETS D'ART

Nef. — La chaire, en stuc peint, est disposée contre la septième colonne de gauche; elle a été exécutée, en 1788-1789, par Marc Roux, d'après le modèle en plâtre fait à Rome par Chardigny, né à Rouen. Elle est composée ainsi : une draperie blanche, à franges d'or, se développe sur le garde-fou de la tribune, qui est terminée, à sa base, par une guirlande horizontale composée de feuillages peinte en vert, et, au-dessous, par de grands livres à tranches dorées, superposés et retenus par de larges rubans. L'abat-voix, surmonté d'une boule au-dessus de laquelle se dresse une croix, est formé d'une grande draperie blanche à franges d'or attachée, avec des cordons à glands dorés, à la colonne, qu'elle contourne en partie pour s'arrêter à la hauteur du bas de la tribune. Un *Saint-Esprit* ou colombe radiée et dorée occupe la partie médiane de cette draperie. L'escalier, à double montée, rampe autour de la colonne.

Sanctuaire. — Dans le cintre ou fausse arcade de 6m,30 de diamètre qui surmonte l'entrée du sanctuaire, se trouve encastrée une toile demi-circulaire, ayant le même diamètre. Elle représente le *Débarquement de saint Louis, roi de France, à Damiette*, et a été peinte par Bonnin de Freissex (Joseph-Antoine-Étienne). — Les deux côtés de l'entrée sont recouverts d'une boiserie en noyer avec colonnes et stalles. Cette boiserie se continue dans tout le pourtour du sanctuaire, derrière les colonnes, supportant la coupole, entre lesquelles sont des stalles simples. En avant des deux stalles de l'entrée, on voit deux statues en bois peint en imitation de bronze; celle de droite représente *Saint Louis*, celle de gauche *Saint Vincent de Paul.* Ces deux figures, de grandeur naturelle, ont été sculptées par M. Philippi, ancien contremaître sculpteur de la marine. — L'autel, en marbre, est isolé et élevé sur trois marches. Il est composé d'un corps principal et d'une partie arrière portant le tabernacle et deux gradins dont le supérieur est surmonté à chacune de ses extrémités d'un ange en marbre de grandeur petite nature.

Bas côté droit. — A côté de l'entrée principale de l'église se trouve la chapelle de Saint-Joseph; elle est sur plan circulaire et surmontée d'une voûte sphérique avec œil à son sommet, et précède le bas côté. Au-dessus de l'autel s'élève un retable à colonnes cannelées et pilastres supportant un fronton chantourné, en forme de baldaquin, avec vases flammés sur ses rampants et croix au sommet; sur le devant du fronton est un grand médaillon représentant, en haut relief, le *Christ* en buste et la boule du monde. Ce retable, en bois doré, qui nous paraît dater du commencement du siècle, encadre une toile dont le sujet est *Saint Joseph conduisant par la main l'Enfant-Dieu.* — Contre le mur, à droite, se voit un tableau de la *Vierge visitant sainte Élisabeth.* Les deux saintes viennent l'une au-devant de l'autre, suivies de saint Joseph et de saint Joachim. Divers personnages entourent les deux couples. Dans le haut de la toile, un ange; sur ses bords, à gauche, une habitation, à droite, des arbres. Cette peinture, du dix-huitième siècle, rappelle le faire des derniers Vanloo. (H., 3ᵐ,28. — L., 2ᵐ,2. — Fig. demi-nat.) — Sur le mur, à gauche, on remarque une *Sainte Famille en Égypte* peinte sur toile, vers la fin du dix-septième siècle, par Jean Vanloo, qui l'a signée au bas, dans l'angle de gauche : J. Van Loo (*sic*). Vers la gauche, la Vierge, assise, la tête de profil, tient de la main droite son enfant placé sur son giron, tandis que l'autre main est pendante devant le genou gauche. Saint Joseph est assis à côté d'elle et lui montre une ville dans le lointain. A droite, en second plan, un ange cueille des fruits d'un palmier. Le fond représente un paysage par un soleil couchant. — Contre la paroi du même bas côté est adossé l'autel des Ames du Purgatoire. Au-dessus de cet autel est enchâssé dans un retable en bois, à colonnes et fronton, un tableau représentant une *Pietà*. Cette toile, dont la partie médiane du haut est cintrée, porte au bas, dans l'angle de gauche, la signature : J. Volaire (Jean), et la disposition des figures qu'elle renferme est la suivante : Le Christ est à demi couché sur un linceul, le torse appuyé contre les genoux de la Vierge, les jambes croisées vers le bas, une main sur la cuisse droite, le bras gauche pendant. La Vierge, les yeux levés au ciel, tient sa main gauche contre la poitrine et étend le bras droit. Autour du groupe, on voit quelques petits anges pleurant, et, dans le bas de la toile, plusieurs personnages à mi-corps. A droite, sur le bord inférieur, on lit : R. J. D. P., *Toloni præfectus*, D. D. D., *mense maï*, 1723. La date doit être celle de la donation de l'ouvrage de Volaire, qui était mort en 1721. (H., 2^m, 30. — L., 1^m,65. — Fig. gr. nat.)

Bas côté gauche. — La chapelle des Fonts baptismaux, située ainsi que celle de Saint-Joseph, à laquelle elle est en tout point semblable, renferme une toile représentant *Jésus-Christ au tombeau*. Exposée au Salon de 1840, elle a été donnée, la même année, par l'État à la ville, pour être placée à l'église paroissiale de Saint-Louis; elle est signée au bas, dans l'angle de droite : C. Bonnegrace (Charles-Adolphe). La composition est celle-ci : Le Christ, la tête radiée, est étendu, parallèlement au bord du tableau, sur un linceul blanc disposé sur le sol; sa main droite est posée sur le haut de la jambe et le bras gauche allongé contre le côté du corps. Vers ses pieds, tournés à gauche, on voit une grande urne sur laquelle est la couronne d'épines. Dans la partie supérieure du tableau, deux anges vêtus d'une longue robe blanche sont à genoux sur un nuage, dans l'attitude de la prière. (H., 4^m, 25. — L., 3^m,33. — Fig. gr. nat.) — Vers le milieu du bas côté se voit un autel dédié à saint Antoine de Padoue, dans le retable duquel est enchâssée une toile représentant l'*Enfant Jésus apparaissant à ce saint*. A droite, dans le bas, Antoine, en prière dans sa cellule, est visité et caressé par l'Enfant-Dieu, nu, debout sur un nuage. Dans le haut, à gauche, la Vierge, assise sur des nuages, assiste à ce qui se passe au-dessous d'elle; à droite, deux anges, l'un en prière, l'autre soulevant un rideau, et quelques chérubins sans corps autour d'eux. Ce tableau, non signé, semble avoir été peint vers la fin du dix-septième siècle. (H., 2^m,80. — L., 2^m,10. — Fig. gr. nat.) — Dans l'abside du même bas côté, à gauche, une *Annonciation*, non signée. L'ange Gabriel, à genoux sur un nuage, apparaît à la Sainte Vierge agenouillée. (H., 1ᵐ,40. — L., 1ᵐ,10. — Fig. demi.-nat.) — Dans une grande niche pratiquée au fond de l'abside dudit bas côté se trouve une *Vierge* en marbre, de grandeur petite nature et peu ancienne, ainsi qu'un *Christ en croix* en bois peint, de 1 mètre de hauteur, environ.

(A suivre.)

PARIS. — IMPRIMERIE DE E. ... , N, RUE ... — 773

PARIS

TYPOGRAPHIE DE F. PLON, NOURRIT ET Cie

Rue Garancière, 8.